BIOGRAPHIE

DU

MARÉCHAL BUGEAUD.

LE MARÉCHAL BUGEAUD

THOMAS-ROBERT

BUGEAUD D'ISLY,

Maréchal de France.

—————

Né en 1784. — Parti soldat en 1804. — Caporal à Austerlitz. — Sous-lieutenant au 64ᵉ de ligne un an après. — Lieutenant à la bataille d'Iéna. — Capitaine de voltigeurs et de grenadiers en Espagne au 116ᵉ de ligne. — Chef de bataillon au siége de Tortose. — Lieutenant-colonel du 14ᵉ en 1813. — Colonel en 1814. — Agriculteur de 1815 à 1830. — Maréchal-de-camp en 1831. — Lieutenant-général en 1836. — Maréchal de France en 1844.

—————

Thomas-Robert Bugeaud est né à Limoges en 1784. Il entra dans les grenadiers vélites de la garde. Il fit en cette

1849

de nos armées du centre et du nord de l'Espagne, le commandant Bugeaud fut constamment à l'arrière-garde pendant cette longue retraite, et contribua puissamment, non seulement à nous faire respecter par l'armée anglo-espagnole, mais encore à obtenir plusieurs succès par des combats livrés à propos.

- L'armée s'étant arrêtée près de Barcelonne, le commandant Bugeaud, avec deux bataillons, un escadron et deux pièces de canon, tint les avant-postes pendant tout l'hiver sur le Llobregat. Il fit plusieurs coups de main sur les détachements espagnols, et enleva par une embuscade un escadron anglais. Au combat d'Ordal, qui eut lieu la nuit et qui fut très-chaudement disputé, le commandant Bugeaud décida le succès par un coup de main des plus audacieux. Ayant tourné l'aile droite des Anglais, il pénétra entre leurs deux lignes, se jeta à la baïonnette sur le 27e de ligne anglais, et le détruisit ou le prit presque en entier. Le lendemain, dans la poursuite, il eut encore un combat remarquable contre la cavalerie anglaise. Ayant pris sa position sur le Llobregat, où il avait ordre de tenir, il fut attaqué par 14,000 Anglais ou Espagnols. Il les arrêta pendant deux heures, pour donner le temps de réunir l'armée qui était éparpillée dans les environs de Barcelonne. Il eut dans cette affaire deux chevaux tués sous lui. Ce fut la dernière action importante de cette guerre.

Après ce combat, le commandant Bugeaud fut nommé

lieutenant-colonel, puis colonel, et fut placé à la tête du 14e de ligne. Bientôt après il rentra en France avec l'armée. L'Empire était tombé, la Restauration lui maintint le commandement du 14e.

Dans les Cent Jours, il commandait l'avant-garde de l'armée des Alpes, dans la vallée Tarentaise. Le 15 juin, dans la nuit, il enleva un bataillon de chasseurs piémontais; au jour, il rencontra une brigade de 3,000 hommes qui venait au secours du bataillon pris, il la battit complètement et lui fit 200 prisonniers.

Le 23, il enveloppa par une marche de nuit un autre bataillon à Moustier, et lui fit mettre bas les armes.

Le 28, dix jours après Waterloo, il fut attaqué par 10,000 Autrichiens et livra un des combats les plus mémorables de nos annales, puisqu'avec 1,750 hommes il resta maître du champ de bataille, après une lutte de dix heures, dans laquelle les Autrichiens perdirent plus de 2,000 hommes tués et 960 prisonniers.

Retiré dans sa propriété après 1815, le colonel Bugeaud s'occupa d'griculture. Ses biens étaient situés dans un pays pauvre, couvert de landes, où les procédés de culture étaient dans l'enfance. Le colonel résolut de régénérer ce pays, et se livra à l'étude de l'agriculture avec cette ardeur qu'il avait apportée à combattre les ennemis de la France.

Il posa son épée et prit la charrue; bientôt, grâce à ses soins éclairés, les landes incultes devinrent des champs fertiles. Son exemple fut suivi, et les landes ont disparu de la contrée qu'il habite; elles sont remplacées par de magnifiques champs de blé et des prairies artificielles d'une beauté surprenante.

Le colonel Bugeaud ne reprit du service qu'après 1830; nommé maréchal-de-camp en 1831, et député la même année, il défendit à la tribune ses anciens compagnons d'armes et de charrue, les soldats et les laboureurs.

En 1836, il fut envoyé avec trois régiments au secours de la brigade d'Arlanges, bloquée par les Arabes à l'embouchure de la Tafna; il y débarque le 6 juin, et le même jour, dans une réunion de tous les officiers, il développe les principes de guerre qui lui ont valu de si brillants succès. Le 12, il prend la route d'Oran dans le but de mieux reconstituer sa colonne avant d'entrer sérieusement en campagne; le même jour à midi, il est atteint et attaqué par Abd-el-Kader; fidèle aux principes qu'il a déjà inculqués à sa troupe, il prend aussitôt l'offensive, et, après plusieurs engagements heureux, il force Abd-el-Kader à la retraite.

Reconstitué à Oran, il marche sur Tlemcen, le 17, avec un grand convoi pour la garnison qui souffre de la disette; le 23 son arrière-garde est attaquée par 3 ou 400 chevaux; il se retourne et les met en déroute, en leur tuant une centaine d'hommes.

Le 6 juillet, Abd-el-Kader l'attaque de nouveau, sur la Sickcka, avec environ 10,000 hommes de cavalerie et 1,200 fantassins. Une demi-heure ne s'est pas écoulée, que la cavalerie de l'émir est en déroute complète et son infanterie presque entièrement détruite; pour la première fois on fait des prisonniers aux Arabes; Abd-el-Kader en laisse 130 entre nos mains. Le grade de lieutenant-général est la récompense de cette rapide et brillante campagne.

En 1837, le lieutenant-général Bugeaud fut encore envoyé dans la province d'Oran avec la mission d'obtenir la paix, soit par la guerre, soit par un traité; il eût mieux aimé la guerre que la diplomatie; mais l'idée de l'occupation restreinte prédominait alors dans tous les esprits; il ne se croyait pas d'ailleurs les moyens de maintenir les tribus vaincues dans la soumission : il fit le traité de la Tafna. — Il pensa que le traité de la Tafna donnerait à la France le temps de réfléchir; il sacrifia donc la gloire militaire à ce qu'il croyait être utile au pays. On se rappelle, du reste, combien le représentant de la France, dans l'entrevue qu'il eut avec Abd-el-Kader, dans le but de faire sanctionner cette paix par le peuple arabe, se montra jaloux de la dignité du pays. Après 40 minutes de conversation, et après qu'il eut tout dit, il se leva : « Abd-el-Kader restait assis, a-t-il raconté depuis à » la Chambre; je crus voir dans cet acte un certain air de » supériorité; alors je lui fis dire par mon interprète : «Quand » un général français se lève devant toi, tu dois te lever » aussi; » et pendant que mon interprète lui traduisait ces

» paroles, avant même qu'il eût fini de les traduire, je pris
» la main d'Abd-el-Kader et je le soulevai ; il n'est pas très-
» lourd. »

En 1841, le lieutenant-général Bugeaud, voyant la France
profondément engagée dans la conquête de l'Algérie, par
l'occupation de Constantine, Sétif, Médéah et Milianah, ju-
gea qu'il n'y avait pas à reculer ; pour l'honneur du drapeau
et dans l'intérêt de la France, il ne fallait rien négliger pour
soumettre et pacifier le pays tout entier ; car tel était le ré-
sultat en dehors duquel il lui paraissait impossible d'intro-
duire la colonisation européenne et d'établir, avec l'intérieur,
des relations commerciales qui devaient apporter les premières compensations aux grands sacrifices de la métropole.
Il accepta donc avec ardeur cette mission, parce que, dans
l'état des choses, il y avait un grand service à rendre au
pays.

Il s'empressa de changer le système de guerre suivi depuis
l'occupation, et il supprima tous les postes qui n'étaient pas
indispensables pour seconder l'extrême mobilité des troupes ;
les idées qu'il avait développées à la tribune en 1838, il les
a appliquées presque exactement. Ses maximes de guerre
sont que, pour vaincre les Arabes, il faut se faire Arabe ;
qu'il y a entre la multiplication des postes fortifiés et le système de mobilité, la différence qui existe entre la portée du
fusil et la portée des jambes ; qu'il faut en tout point se con-
stituer de manière à ne laisser aux Arabes aucun repos,

aucune sécurité, de telle sorte qu'ils ne puissent ni semer, ni récolter, ni pâturer sans notre permission; que la guerre n'est pas seulement une attaque aux armées, mais aussi une attaque aux intérêts matériels d'un peuple; que les Arabes n'ayant que les intérêts agricoles à défendre, il faut, pour les atteindre, parcourir rapidement toute la surface du pays; que c'est là ce qui différencie essentiellement la guerre d'Afrique de celle de l'Europe, où les intérêts sont concentrés sur quelques points, qui sont livrés par une ou deux batailles, etc.

Ces idées générales, mises en œuvre par une foule de moyens de détail, appliqués avec une énergie et une persévérance rares, ont amené, en trois ans, la soumission de tout le territoire arabe, depuis la frontière de Tunis jusqu'à celle du Maroc, et sur une profondeur de 100 à 150 lieues au sud. Le pays kabyle a également subi notre loi, depuis l'Isser à l'est d'Alger, jusqu'aux frontières du Maroc; et dans la campagne de 1844, le pâté montagneux du Jurjura a été fortement entamé par suite des beaux combats des 12 et 17 mai. Dans cette seconde affaire, le maréchal Bugeaud, avec 4,500 baïonnettes, défit 20,000 kabyles réunis dans des positions formidables.

Ce fut le lendemain, 18 mai, que le maréchal connut les premières hostilités du Maroc; il s'empressa de traiter avec les tribus kabyles qui demandaient à se soumettre; puis s'embarquant à Dellys avec une partie des troupes qui avaient

vaincu les montagnards, il se porta rapidement à notre frontière de l'ouest. Appréciant tout le danger de l'intervention
de l'empereur de Maroc, qui, comme descendant de Maho-
met, est le chef de la religion musulmane dans tout le nord
de l'Afrique, il comprit qu'un échec si léger qu'il fût, que
la moindre hésitation à cette frontière, et même une simple
temporisation, pouvaient provoquer des révoltes derrière
lui. Il s'empressa donc de faire expliquer les chefs marocains
sur les véritables intentions de l'empereur, et il provoqua
une entrevue entre le général Bedeau et le commandant de
l'armée ennemie. Les prétentions de celui-ci étaient inaccep-
tables : il demandait l'évacuation du sol de l'Alla-Magrnia
et de tout le pays autrefois occupé par les Turcs, sur la rive
gauche de la Tafna. En présence de telles exigences, le
général Bedeau rompit la conférence et se retira près du
général de Lamoricière, qui, avec quelques troupes, sur-
veillait notre parlementaire ; aussitôt les Marocains se pré-
cipitèrent sur notre arrière-garde et commencèrent l'attaque.

Le maréchal Bugeaud désirait vivement trouver une occa-
sion de détruire, aux yeux des tribus, le prestige des armes
marocaines ; il sortit du camp, rallia les généraux Bedeau
et de Lamoricière, et prit l'offensive : demi-heure après,
l'ennemi fuyait, laissant 400 hommes sur le terrain. Ceci
avait lieu le 15 juin. Le maréchal déclara au chef marocain
qu'il ne respecterait plus son territoire, qu'il y chercherait
même Abd-el-Kader ; mais que, sans interrompre la guerre,

il serait toujours prêt à traiter. Les jours suivants, il entra à Ouchda et pénétra plus avant dans le pays.

Le 3 juillet, par un mouvement de retraite simulée, il se fit attaquer par les troupes marocaines qui avaient changé de chef ; puis, se retournant tout-à-coup, il les mit complètement en déroute. Désormais, le charme était rompu, les troupes marocaines avaient fui deux fois devant les Français. A la suite de cette seconde action, le maréchal reçut des propositions de paix, et on lui annonça l'arrivée du fils de l'empereur, qui vint en effet bientôt après, suivi d'une nombreuse cavalerie. Il fit écrire au maréchal pour protester de son désir de la paix ; mais, en même temps, il exigeait notre retraite sur la rive droite de la Tafna. Le maréchal répondit que Dieu seul pourrait l'y contraindre. Pendant qu'il s'occupait à rallier quelques troupes, il apprit que l'armée marocaine se renforçait à chaque instant, qu'elle était déjà d'environ 40,000 hommes, et qu'elle attendait de nombreux contingents kabyles ; derrière lui, les têtes fermentaient, des émissaires nombreux parcouraient le pays pour le soulever ; une plus longue temporisation pouvait nous perdre. Le maréchal résolut d'en finir, et, le 13 au soir, il se rapprocha de l'armée marocaine en simulant un grand fourrage qui pût lui donner le change sur nos véritables intentions d'attaque.

Le lendemain, à 8 heures, commença la bataille d'Isly, dont le maréchal a fait comprendre l'importance, en disant dans son bulletin qu'elle était la consécration de la conquête de l'Algérie. Ce qu'il y a de certain, c'est qu'elle a puissamment contribué à trancher la question de guerre avec le Maroc, et à dénouer des embarras européens.

L'organisation du gouvernement des Arabes n'a pas été moins habile ni moins heureuse que les autres. La France est obéie aujourd'hui en Afrique, sur un territoire de deux cent quarante lieues de l'est à l'ouest, de cent trente à cent quarante du nord au sud.

Partout on paie l'impôt et l'on exécute ponctuellement tous les ordres des chefs français. Les Européens voyagent dans tous les sens sans escorte et sous la seule protection des postes arabes, qui sont échelonnés à courte distance sur toutes les routes importantes.

Si nous sommes bien informés, l'impôt arabe produira cette année environ huit millions.

Ces grands résultats, patents pour tout le monde, nous permettent de proclamer que le maréchal Bugeaud, vaillamment secondé par notre brave armée d'Afrique, a conquis à la France un royaume qui, indépendant de sa puissance à l'extérieur, peut avoir aujourd'hui la plus grande influence sur sa politique intérieure.

La bataille d'Isly et l'organisation de l'Algérie, qui ont

placé si haut le maréchal Bugeaud dans l'opinion publique, ne sont pas son dernier mot : la France attend encore de lui d'éminents services, et nul doute qu'il ne soit appelé à couronner dignement une vie si bien et si noblement remplie.

Bordeaux. Imprimerie d'EMILE CRUGY, rue et hôtel Saint-Siméon, 16.